¡ABRE LOS OJOS Y APRENDE!
El Transporte

BLACKBIRCH®
PRESS

THOMSON

GALE

San Diego • Detroit • New York • San Francisco • Cleveland
New Haven, Conn. • Waterville, Maine • London • Munich

THOMSON

GALE

LIBRARY OF CONGRESS CATALOGING-IN-PUBLICATION DATA

Nathan, Emma.
  [Transportation. Spanish]
  El Transporte / by Emma Nathan.
     p. cm. — (Eyeopeners series)
Includes index.
Summary: A brief introduction to some of the varying modes of transportation used in different countries, from camels in the Egyptian desert to gondolas on the canals in Venice, Italy.
  ISBN 1-41030-021-8 (hardback : alk. paper)
  1. Transportation—Juvenile literature. [1. Transportation.] I. Title. II. Series: Nathan, Emma. Eyeopeners series. Spanish.

HE152 .N38 2003
388—dc21

Printed in United States
10 9 8 7 6 5 4 3 2 1

CONTENIDO

4

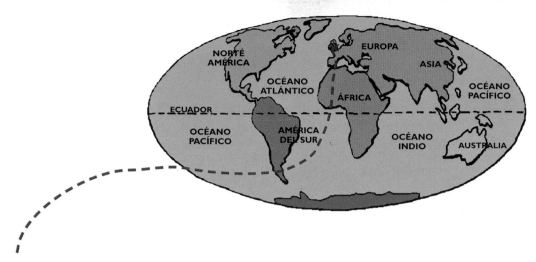

INGLATERRA

Inglaterra es parte del continente europeo. Es una nación que comparte una isla con Escocia.

Londres es la ciudad más grande de Inglaterra. También es la ciudad capital.

En Londres, las personas viajan en autobuses rojos de dos pisos.

Un autobús puede llevar tantas personas como 20 automóviles.

Algunos autobuses miden casi 40 pies de longitud.

◀ **Autobús de dos pisos en Londres**

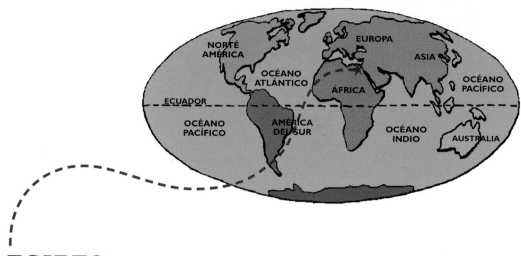

EGIPTO

Egipto está en el continente africano.

Gran parte de Egipto es desierto.

El el desierto, las personas viajan montadas en camellos.

Los camellos pueden recorrer grandes distancias sin tomar agua.

Los camellos también pueden caminar fácilmente sobre la arena caliente.

◀ Viajando en camello en Egipto

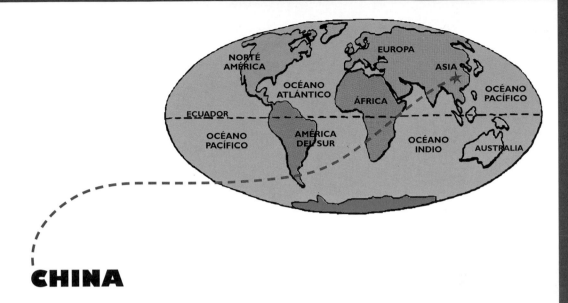

CHINA

China está en el continente asiático.

China es el país más poblado del mundo.

En las ciudades de China no hay espacio para que cada persona conduzca un auto.

Muchas personas en China viajan en bicicleta.

Las bicicletas son más baratas que los autos y no necesitan combustible.

◀ **Bicicletas en una plaza pública en China**

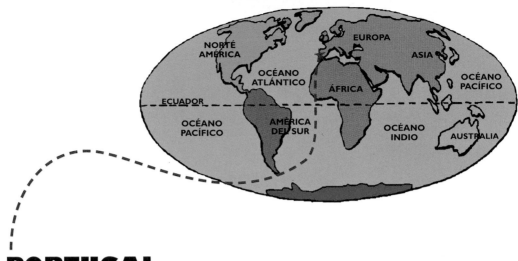

PORTUGAL

Portugal está en el continente europeo.

Las regiones fuera de las ciudades de Portugal son terreno de colinas. Los caminos son a menudo de terracería.

En regiones campestres de Portugal se usan carretas tiradas por burros.

Las carretas tiradas por burros no resultan muy costosas.

Aun los jóvenes pueden manejar carretas tiradas por burros.

◀ **Carrito tirado por burro en Portugal**

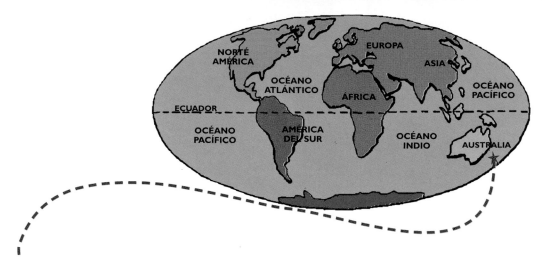

NUEVA ZELANDA

Nueva Zelanda es parte de Oceanía. Forman el país dos islas cercanas a Australia.

Una parte de Nueva Zelanda es la Isla Norte. La otra parte es la Isla Sur.

Los habitantes usan un transbordador para viajar de una isla a otra.

Los transbordadores transportan también productos, animales y autos.

El viaje de una isla a la otra tarda unas 3 horas.

◀ **Transbordador en Nueva Zelanda**

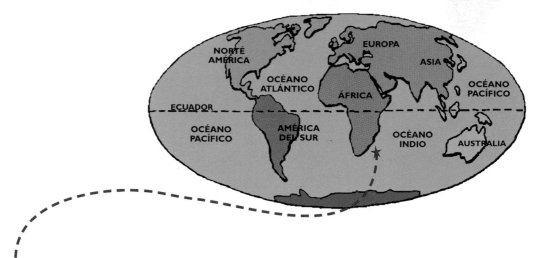

MADAGASCAR

Madagascar es parte de África. Es una isla frente a la costa este de África.

En Madagascar son comunes los "bicitaxis". Son carritos tirados por personas que van en bicicleta.

Los bicitaxis son como los rickshaws

Rickshaws son carritos tirados por un peatón.

Los bicitaxis y los rickshaws se usan como los taxis.

◀ **Señor con rickshaw en Madagascar**

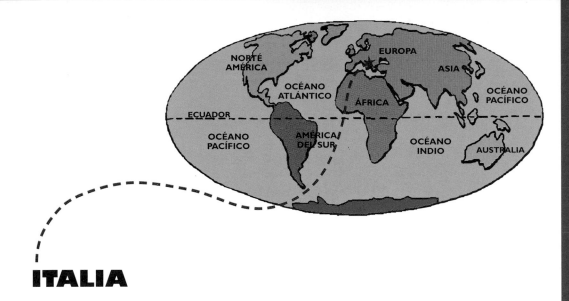

ITALIA

Italia está en el Continente Europeo.

Venecia es una ciudad italiana especial que no tiene calles.

En vez de calles, Venecia tiene canales llenos de agua.

Barcos llamados góndolas son un medio común de transporte.

Se usan también los hidrotaxis. Estos son como pequeños transbordadores que hacen paradas a lo largo de las calles.

◀ **Hidrotaxis y góndolas en Venecia**

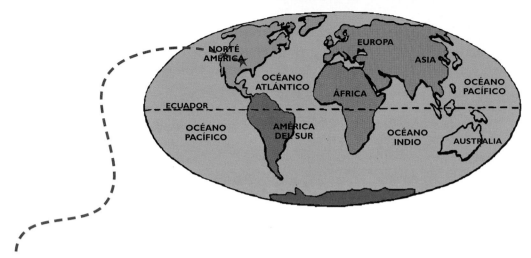

ESTADOS UNIDOS

Estados Unidos está en el continente norteamericano.

En la ciudad de San Francisco, en California, hay muchas colinas muy empinadas.

Se usan tranvías de cable para subir las colinas empinadas.

Un cable subterráneo jala los carros por toda la ciudad.

Los tranvías de cable usan campanas, en vez de claxon, para anunciarse.

◀ **Tranvía de cable en San Francisco**

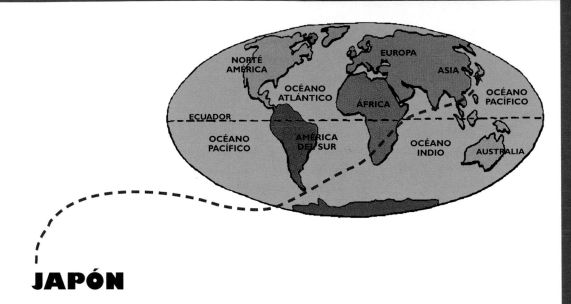

JAPÓN

Japón es parte del continente asiático.

En las grandes ciudades de Japón, las personas viajan en trenes muy rápidos. Estos se llaman trenes "bala".

El tren más rápido del mundo es un tren bala de Japón. Puede alcanzar una velocidad hasta de 186 millas por hora.

Muchas otras ciudades han adoptado del Japón sus trenes rápidos.

◀ **Tren bala en Japón**

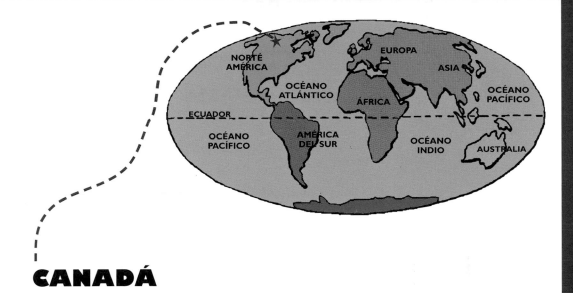

CANADÁ

Canadá es parte del continente norteamericano. La mayor parte del norte de Canadá es frío y nevado.

Algunos habitantes de la región norte de Canadá usan trineos tirados por perros para viajar sobre la nieve y el hielo.

Las personas que manejan estos trineos se llaman *mushers*.

El conjunto de perros que tira del trineo puede alcanzar una velocidad hasta de 30 millas por hora.

◄ **Perros tirando de un trineo en el norte de Canadá**

ÍNDICE

PARA MÁS INFORMACIÓN

Direcciones de Internet

Guía Estudiantil
http://frontiers.loc.gov/learn/lessons/97/world/student.html

Historia del transporte
http://www.si.edu/resource/faq/nmah/transportation.htm

Museo del transporte
http://routesinternational.com/museum.htm

Libros

Stein, Barbara, and John Lane. *The Kids' World Almanac of Transportation: Rockets, Planes, Trains, Cars, Boats and Other Ways to Get There.* Boston: Scott Foresman/Addison-Westley, 1991.